# Mentale Stärke aufbauen

Mit gezieltem Mentaltraining Schritt für Schritt zu einem selbstbestimmten und glücklichen Leben - inkl. der besten Praxistipps

Jonathan Hünsche

# INHALT

# Das erwartet Sie in diesem Buch

Haben Sie oft das Gefühl, dass Ihnen alles zu viel ist, dass Sie sind mit Ihrer Work-Life-Balance alles andere als in der Balance sind, und leiden Sie oft an Müdigkeit, Motivationslosigkeit und fühlen Sie sich ausgelaugt? Damit sind Sie nicht allein. In diesem Buch werden Sie von Anfang an das Thema mentale Stärke herangeführt, was das ist und welchen Effekt mentale Stärke auf das alltägliche Leben hat.

Sie erfahren alles Wichtige über Ihre mentalen Fähigkeiten und eine Handvoll nützlicher Tipps.

die Sie ganz einfach in Ihr alltägliches Leben einbringen können, damit Sie Ihre Work-Life-Balance wieder etwas festigen können. Denn auch, wenn man mentales Wohlbefinden oder mentale Krankheiten nicht sehen kann, sollte beides so ernst genommen werden wie ein gebrochenes Bein. Nur, wenn man das Problem anerkennt, kann man beginnen, es zu beseitigen. Mentale Stärke ist lernbar und dieses Buch wird Ihnen dabei helfen, Ihre ersten Schritte zur bewussten mentalen Stärke zu gehen.

# Mentale Stärke

## WAS IST MENTALES BEWUSST-SEIN?

Bevor Sie mit dem Training Ihrer mentalen Stärke beginnen, müssen Sie verstehen, was Ihr Bewusstsein mit Ihrer mentalen Stärke zu tun hat und wie es funktioniert.

Jeder Mensch hat ein Bewusstsein sowie ein Unterbewusstsein. Während Sie Ihr Unterbewusstsein nicht aktiv selbst steuern, sondern von Ihrem Unterbewusstsein gesteuert werden, haben Sie Ihr Selbstbewusstsein unter Kontrolle. Dieses hilft Ihnen bei Selbstreflexion, Wahrnehmung von Situationen, Gedanken und Emotionen. Das menschliche Bewusstsein hat sechs Bewusstseins-zustände. Dazu zählen unter anderem Koma,

Hypnose- und Schlaf- beziehungsweise Traumzu-
stände. Allerdings können Sie nur den Wachzu-
stand kontrollieren. Also den Zustand, in dem Sie
sich gerade befinden. Die anderen fünf Zustände
erlauben Zugriff auf das Unterbewusstsein, welches ein Speicher für Erinnerungen, Gefühle,
Trauma, Sehnsüchte und Motive ist.

Das Unterbewusstsein nutzt den Schlaf-
/Traumzustand zur Verarbeitung von Erlebnissen,
gut oder schlecht. Was natürlich nicht heißt, dass
jeder Traum zwangsläufig eine tiefe und wichtige
Bedeutung hat. Manchmal kann es für Sie aber
auch ein Hinweis sein, was Ihr Körper und Ihre
Seele gerade von Ihnen brauchen. Wenn Sie beispielsweise ständig nur von Ihrer Arbeit träumen
und keine Zeit haben, zu entspannen, dann sind
die Träume ein Zeichen von Ihrem Unterbewusstsein, mal etwas abzuschalten und vielleicht für ein
Wochenende wegzufahren.

Das mentale Bewusstsein hilft Ihnen dabei, zu
erkennen, was Ihnen fehlt. Verknüpft mit der
mentalen Gesundheit, welche für das psychologi-
sche und soziale Wohlbefinden zuständig ist, können Sie Defizite erkennen und daran arbeiten, eine
Balance herzustellen. Natürlich funktioniert das

nicht von heute auf morgen, der Mensch ist komplex und so ist es auch Ihr Gehirn. Kleine Schritte sind genauso viel wert wie große Schritte. Sie sind einzigartig, wie Sie sind, und daran ist nichts falsch. Machen Sie sich das bewusst und stärken Sie Ihr Selbstbewusstsein.

## DER WEG ZUM MENTALEN WOHLBEFINDEN

Sie wissen nun, was das Bewusstsein ist und wieso es wichtig ist, ein Auge auf Ihr Unterbewusstsein zu haben. Aber wie kommen Sie von diesem Bewusstseinszustand zu mentalem Wohlbefinden? Was können Sie tun, um Ihr mentales Wohlbefinden aufrechtzuerhalten? Auf diese Fragen gibt es nicht nur eine einzige Antwort, es sind nämlich mehrere Faktoren dafür verantwortlich, dass es uns mental gut geht. Es gibt nicht nur einen richtigen oder falschen Weg. Was für Ihren Partner funktioniert, ist vielleicht nicht das Richtige für Sie. Und vielleicht braucht jemand in Ihrem Umfeld mehr Hilfe als Sie oder mehr Zeit. Jeder ist individuell, trotzdem gibt es Richtwerte, Vorschläge, die Ihnen unter Umständen als hilfreiche Tipps und Tricks entgegenkommen können. Welche genau das sind, stelle ich Ihnen nun vor.

Die sogenannte Work-Life-Balance ist Ihnen sicherlich ein Begriff. Während mittlerweile der Begriff nur noch leere Worte hält, ist das Prinzip dahinter gar nicht so verkehrt. Ein Beruf, der Ihnen genug Geld bringt, mag vielleicht eine sehr schöne Vorstellung sein, aber ist der Aufwand das Geld wert? Arbeiten Sie sechs Tage die Woche für ein bisschen Extrageld oder haben Sie vielleicht mehrere Jobs gleichzeitig? Daran ist an sich nichts falsch. Sorge sollte Ihnen das nur bereiten, wenn Sie kaum noch Freizeit haben, in Ihrer Arbeit versinken und nicht nur Ihr Umfeld, sondern sich selbst vernachlässigen. Ihr Körper braucht Entspannung, Ihre Seele braucht Ruhe. Die Gesellschaft ist sich nicht unbedingt bewusst, welchen Effekt diese Arbeitswelt auf jeden einzelnen hat. Während Sie sich möglicherweise in Ihrer vielen Arbeit pudelwohl fühlen, kann es für Ihre Nachbarn sehr schwierig sein, eine Balance zu finden.

Jeder Beruf bietet auf verschiedene Art und Weise Ausgleiche, manche mehr, manche weniger. Sie sollten also einmal in sich gehen und fragen „Überarbeite ich mich in meinem Beruf nur noch oder habe ich auch noch Spaß an der Arbeit?" Überlegen Sie, was Sie tun können, damit Ihre Arbeit Ihnen Spaß bringt und Sie nicht täglich total erschöpft nach Hause kommen und außerhalb des Berufs kein Privatleben mehr haben. Seien Sie etwas selbst kritisch, was gefällt Ihnen an Ihrer momentanen Situation und wo sehen Sie Verbesserungsmöglichkeiten? Brauchen Sie vielleicht einfach mal etwas Urlaub zum Abschalten? Oder doch eher etwas Neues? Einen neuen Job, eine neue Wohnung? Während das menschliche Gehirn Routine mag und sich gern an Dinge gewöhnt, ist manchmal dann doch der Punkt erreicht, an dem die Gewohnheit langweilig oder einengend wird.

Stellen Sie sich auch die Frage, ob Sie genug Zeit nicht nur mit sich selbst verbringen, sondern auch mit Ihrem sozialen Umfeld. Es gibt mehrere Studien, die belegen, dass Menschen vereinsamen, wenn sie sich zurückziehen und nur noch für sich selbst leben. In Extremfällen kann Einsamkeit zu (starken) Depressionen führen und den Weg zum mentalen Wohlbefinden erschweren. Deshalb ist es sehr wichtig, soziale Kontakte zu pflegen oder vielleicht      wöchentlich      einer      Aktivität nachzugehen. Dort verbinden Sie sich nicht nur mit Ihren Mitmenschen, Sie teilen gleiche Interessen und Vorlieben. Das fördert Ihre Motivation und kann Ihnen auf einen längeren Zeitraum gesehen helfen, sich mental wohler zu fühlen. Hobbys und Interessen sind nicht nur für junge Teenager, sondern für jede Altersgruppe wichtig. Sie beeinflussen unsere Gefühle und können eine sehr große Stütze für mentales Wohlbefinden sein. Unter anderem ist zum Beispiel Sport nicht nur gut für Ihre mentale Gesundheit, sondern auch für Ihren Körper.

Nehmen Sie sich täglich eine kleine Aktivität vor, sei es nur ein fünf-minütiger Spaziergang oder der Weg von der Haustür ins Einkaufszentrum. Frische Luft wirkt befreiend, die Natur mit ihrer Vielfalt an Pflanzen und Tieren, die Sie selbst schon in Ihrem Garten oder aus dem Fenster beobachten können, sorgt für ein wenig Ablenkung. Versuchen Sie, Ihren Gedanken freien Lauf zu lassen, ohne sie in eine Richtung zu steuern, metaphorisch gesehen einfach mal am Rand sitzen und zusehen, wie alle möglichen Gedanken und Zweifel vorbeiziehen. In der Anfangsphase wird Ihnen das nicht leicht fallen, mentales Wohlbefinden braucht Übung, so wie Sie als Kind erst das Laufen lernen mussten oder Fahrrad fahren. Nur, weil etwas nicht in der physischen Ebene passiert, heißt es nicht, dass es einfach wird. Vertrauen Sie dem Weg zum Ziel und verlieren Sie es nicht aus den Augen.

Und wenn Sie noch nicht wissen, was Ihnen beim Abschalten hilft oder Ihnen etwas Freiraum in Ihrem Kopf verschafft, geben Sie nicht direkt auf. Probieren Sie sich aus, vielleicht finden Sie totale Entspannung beim Yoga oder doch eher beim Buchlesen zu Hause. Vielleicht ist Ihre Definition von Entspannung eine Tasse Kaffee mit Freunden oder beim Spazieren. Manche Menschen lieben es, in sich zu gehen und zu meditieren, weil es ihnen hilft. Was für andere gilt, muss nicht für Sie gelten. Jeder Mensch ist unterschiedlich und auch, wenn viele Menschen an den gleichen oder ähnlichen Problemen leiden, gibt es nicht eine Lösung für das Problem, die jedem hilft. Seien Sie geduldig mit sich selbst, Ihrer Mentalität und Ihrem Körper.

Treffen Sie sich doch mal mit Ihren Freunden und reden Sie offen über das Thema. An manchen Stellen, wo Sie sich nicht selbst einschätzen können, kann eventuell eine Ihnen nahestehende

Person hilfreich sein. Reden hilft bei Selbstreflexion und auch, wenn Sie während des Gesprächs anfangen, selbstreflektierter zu werden, und gar keinen Rat mehr benötigen, so haben Sie etwas Neues über sich gelernt. Jeder noch so kleine Schritt zur Selbstreflexion ist wichtig und erstrebenswert. Lassen Sie also den Kopf nicht hängen und klopfen Sie sich gelegentlich mal selbst auf die Schulter, wenn Sie zurückblicken und merken, dass Sie doch schon sehr viel erreicht haben. Auch, wenn es Ihnen im alltäglichen Leben nicht unbedingt auffällt, Sie können stolz auf Ihre Erfolge sein. Das ist gesund und fördert das Selbstwertgefühl.

Lernen Sie sich selbst ein bisschen besser kennen. Haben Sie schon einmal aktiv Zeit mit sich selbst verbracht? Vielleicht gehen Sie mal in Ihr Lieblingsrestaurant oder belohnen Ihre harte Arbeit und gehen shoppen. Setzen Sie sich kleine Ziele und belohnen Sie sich selbst, jemand anderes wird es nicht für Sie tun. Es ist eine simple Aufgabe, an der viele Menschen scheitern. Behandeln Sie sich selbst so, wie Sie mit Ihren Freunden umgehen. Wenn diese Fehler machen, reden Sie sie schlecht? Geben Sie Ihren Freunden ein noch schlechteres Gefühl oder Gewissen? Vermutlich nicht. Warum tun Sie das mit sich selbst? Das menschliche Gehirn ist in der Lage, aktiv und passiv manipuliert zu werden, und mithilfe von mentalem Training tun Sie genau das. Sie manipulieren sich selbst auf dem Weg, ein positiverer und mental stärkerer Mensch zu werden. Was genau bedeutet das?

Wenn Sie anfangen, nicht mehr ganz so streng mit sich zu reden, wie die meisten es heutzutage tun, werden Sie merken, dass Sie lockerer werden. Schwierige Aufgaben scheinen keine großen Hindernisse mehr zu sein, wenn man klein anfängt. Es sind Aufgaben, die Sie bewältigen werden, Hürden, keine riesengroßen Hindernisse. Nur, weil etwas unmöglich erscheint und Sie aufhören wollen, bevor Sie angefangen haben, heißt es nicht, dass es auch so schlimm und unmöglich sein muss. Seien Sie aufmerksam, wie Sie auf tägliche Situationen reagieren. Neigen Sie vielleicht dazu, sich selbst unter Druck zu setzen? Das geschieht unterbewusst, wie die meisten Reaktionen, die wenig Zeit und Überdenken in Anspruch nehmen. Das heißt aber nicht, dass Sie daran nichts ändern können. Das nächste Mal, wenn Sie sauer auf sich sind, weil Sie etwas fallen gelassen haben, denken Sie daran, was Sie Ihren Freunden in der Situation sagen würden. „Das kann passieren, ist nicht so schlimm." zum Beispiel. Warum würden Sie das nicht auch zu sich selbst sagen? Warum kritisiert der Mensch sich selbst so viel mehr als seine Mitmenschen? Das Umfeld, in welches man reingeboren wird, hat einen großen Einfluss auf die kognitive Entwicklung und wie man den Umgang mit seinen Mitmenschen und sich selbst erlernt.

Jetzt fragen Sie sich sicher, wie man sich selbst manipulieren kann und ob das eine so gute Idee ist. Ich versuche nicht, Ihnen zu verkaufen, dass Manipulation eine gute Sache ist oder zwangsläufig notwendig, sie kann aber ein Hilfsmittel sein, um zu einem mentalen Wohlbefinden zu gelangen. Und wie sollen Sie das in die Praxis umsetzen? Ganz einfach: Seien Sie netter zu sich selbst. Loben Sie sich mal, arbeiten Sie mit Belohnungen nach Errungenschaften, erzählen Sie sich selbst, dass Sie etwas gut gemacht haben oder stolz auf Ihr Projekt sind. Die Beispiele sind endlos. Und auch, wenn es sich dämlich anhört oder Sie sich am Anfang wie der größte Trottel fühlen werden, wird es in einigen Wochen oder Monaten

Fortschritte zeigen. Wenn ich Ihnen jetzt kein 100-prozentiges Erfolgsergebnis vorlegen kann, was hat denn ein gut gemeinter Selbstversuch für negative Effekte? In diesem Beispiel ist das „Worst-Case-Szenario", dass Sie merken, dieser Tipp funktioniert für Sie nicht so gut. Dann haben Sie etwas Neues über sich selbst gelernt und können weitere Dinge versuchen, um an Ihrem mentalen Wohlbefinden zu arbeiten. Das menschliche Gehirn speichert alles, was es immer und immer wieder zu hören bekommt. Es zu versuchen, schadet also nicht.

Der Grund, warum Sie sich immer gut fühlen, nachdem Sie ein Kompliment oder eine Belohnung für Ihre Arbeit bekommen haben, sei es im Privaten oder im Beruf, ist die Ausschüttung des Hormons Serotonin. Menschen mit mentalen Krankheiten leiden an einem Defizit dieses Hormons. Serotonin ist ein Botenstoff im Gehirn und zählt zu den sogenannten „Glückshormonen". Diese Botenstoffe werden im Gehirn freigesetzt, wenn man sich bewegt, an der frischen Luft ist, seinen Vorlieben und Interessen nachgeht oder Zeit mit Freunden verbringt, und führen dazu, dass man sich glücklich und wohlfühlt. Aber nicht jeder dieser Botenstoffe hat die gleichen Aufgaben und Wirkungsbereiche. Während Serotonin bei Ausschüttung die Stimmung ausgleicht, hilft zum Beispiel Dopamin dabei, einen inneren Antrieb zu haben. Dopamin wirkt in dem Bereich des Gehirns, der mit dem Belohnungssystem zusammenhängt. Es hilft also dabei, zu erlernen, wann Sie belohnt werden, zum Beispiel nach erfolgreicher Beendung eines Projektes.

Wenn Sie also Ihrem Gehirn antrainieren wollen, regelmäßig Dopamin auszuschütten, können Sie überlegen, eine kleine Routine nach der Arbeit einzuführen. Eine kleine Belohnung nach einem anstrengenden Tag, eventuell ein Snack wie ein Donut nach der Arbeit oder ein Abschluss-Kaffee. Überlegen Sie, worauf Sie sich nach der Arbeit wirklich freuen würden, und geben Sie täglich Ihrem Gehirn die Möglichkeit, Dopamin auszuschütten, um sich jeden Tag ein kleines bisschen besser und wohler zu fühlen.

Wie schon erwähnt, ist der Weg zum mentalen Wohlbefinden individuell und es gibt keine „One size fits all"-Lösung, damit sich jeder Mensch mental wohlfühlt. Die Arbeitswelt heutzutage lässt außerdem nicht viel Platz für Kooperationen zwischen ArbeitgeberInnen und ArbeitnehmerInnen, wenn es um mentale Gesundheit geht, da in der Wirtschaft das Individuum nicht existiert. Unter Umständen bekommt man zu hören, dass KollegInnen dem Druck oder Stress doch auch standhalten können, fühlen Sie sich davon nicht eingeschüchtert oder denken Sie nicht, dass Ihr Wohlbefinden und Ihre Gefühle egal sind. Die Gesellschaft ist noch nicht so weit, dass eine verbesserte „Work-Life-Balance" eingeführt wurde.

Versuchen Sie, Ihren Fokus auf sich selbst und Ihr mentales Wohlbefinden zu legen. Ziehen Sie auch mal Grenzen und scheuen Sie sich nicht davor, sich für sich selbst stark zu machen. Jeder Mensch um Sie herum hat seine eigenen Steine und Hindernisse im Weg. Das Individuum muss also für sich selbst lernen, damit umzugehen und zu leben. Das Leben ist ein Lernprozess und Sie sollten niemals denken, dass Sie zu alt sind, etwas Neues zu tun oder zu erleben.

Starten Sie den morgigen Tag etwas anders als sonst, fangen Sie an sich, besser kennenzulernen, und trauen Sie sich an neue Herausforderungen heran. Vielleicht mag es zu Anfang einschüchternd sein, weil nur wenige Menschen offen über ihr mentales Wohlbefinden reden oder weil sie nicht wissen, wo sie anfangen sollen. Sie können immer zurück zu diesem Buch kommen und sich neue Motivation oder Inspiration holen. Entdecken Sie sich neu und lernen Sie Ihren mentalen Charakter kennen. Sie sind gezwungen, jeden Tag Ihres Lebens mit sich zu sein, warum versuchen Sie dann nicht, es angenehm zu gestalten und sich selbst der beste Freund oder die beste Freundin zu werden?

## AUSWIRKUNGEN MENTALER KRANKHEITEN

Mentale Krankheiten wie zum Beispiel Depressionen sind mittlerweile kein striktes Tabuthema mehr, werden aber trotzdem noch sehr oft abgeschüttelt, klein geredet oder nicht ernst genommen. Vor allem in der Arbeitswelt wird es als riesiges Problem dargestellt und betroffene Personen, die unter mentalen Krankheiten leiden, erfahren leider viel zu viele Nachteile. Wenn Sie an mentalen Krankheiten leiden und oft auf Probleme mit ArbeitgeberInnen stoßen oder mit Ihren Problemen nicht ernst genommen werden, hoffe ich, dass es für Sie bald wieder Berg auf geht. Doch was für Auswirkungen haben denn mentale Krankheiten auf das Gehirn beziehungsweise auf das mentale Wohlbefinden eines Menschen?

Die bekannteste mentale Krankheit ist die Depression. Was genau sind Depressionen und wie äußern sie sich? Die Symptome von Depressionen sowie von jeder Krankheit (mental oder physisch) variieren von Mensch zu Mensch, es gibt allerdings sehr häufige Symptome, an denen eine Diagnose von professionellen TherapeutInnen oder PsychotherapeutInnen festgestellt wird. Diese Symptome sind:

- Häufige Traurigkeit, depressive Stimmung
- Interessenverlust
- Totale Erschöpfung

Natürlich sind diese Hauptsymptome keine Diagnose und falls Sie sich mit diesen Symptomen sehr stark identifizieren können, heißt das nicht gleich, dass Sie unter Depressionen leiden. Dieses Kapitel dient unter keinen Umständen als Zweckmittel für eine Selbstdiagnose. Eine professionelle Meinung sollten Sie sich auf jeden Fall anhören. Neben den oben genannten Hauptsymptomen gibt es noch

Nebensymptome. Diese behindern das alltägliche Leben und machen es depressiven Menschen oft schwer, den einfachen Dinge wie körperlicher Hygiene nachzugehen. Manchen fällt es sehr schwer, sich morgens aus dem Bett zu bekommen. So verschieden die Menschen sind, so verschieden sind auch die Symptome bei mentalen Krankheiten.

Möglicherweise leiden Menschen in Ihrem Umkreis an sehr starken oder nur leichten Depressionen, können es aber so gut verstecken, dass Sie erstaunt wären, wenn sie es Ihnen erzählen würden. Depressionen haben nämlich nicht nur dieses eine Standardgesicht, welches nie aus dem Bett kommt, lieber schläft und allein ist. Manche depressiven Menschen wirken sehr fröhlich, haben immer ein Lachen im Gesicht und treffen sich unglaublich gern mit Freunden und sind sehr verlässlich am Arbeitsplatz. Was ein Mensch mit sich selbst ausmacht, können Sie nicht an ihrem täglichen Verhalten auf der Arbeit beurteilen. Durch das gesellschaftliche Tabuthema der Krankheit haben viele Erkrankte gelernt, sich zu verstecken. Vielleicht sind sie immer wieder auf Abstoßung gestoßen oder wurden nicht ernst genommen, wenn sie sich Autoritätspersonen geöffnet haben.

Das macht viel mit einem Menschen, vor allem beginnen sie oft zu denken, dass sie es sich nur einreden und jeder Mensch sich mal etwas traurig fühlt. Dadurch kann ein innerer Konflikt entstehen und die Situation verschlimmern. Was im schlimmsten Fall passiert, ist, dass sich depressive Menschen zurückziehen und sich selbst isolieren, weil sie sich nicht verstanden oder nicht akzeptiert fühlen.

Sie kämpfen also jeden Tag damit, eine Art „Maske" aufzusetzen und wie ein „normaler" Mensch zu funktionieren. Das verbraucht sehr viel ihrer Energie und sie sind abends sehr erschöpft. Durch die Maske entfremden sich depressive Menschen selbst, sie geben vor, jemand zu sein, der sie nicht sind, und je öfter und länger sie es tun, können sie sich selbst entfremden. Dadurch entstehen Konflikte mit der Frage „Wer bin ich?", weil sich Betroffene möglicherweise nicht mehr im Spiegel erkennen.

Depressionen müssen aber nicht jeden Tag gleich stark oder schwach sein. Die Krankheit hat keinen angenehmen Verlauf, der möglicherweise vorhersehbar ist. Depressionen kommen und gehen, manchmal sind sie für Tage, Wochen oder

Monate weg, bevor sie schlagartig wiederkommen können und sie vollkommen aus der Bahn werfen. Falls Sie sich damit voll identifizieren können, lege ich Ihnen ans Herz, mal mit jemandem darüber zu sprechen. Sie sind damit nicht allein. Heutzutage gibt es Möglichkeiten, Depressionen zu behandeln, wenn auch nicht für immer aus Ihrem Leben zu schaffen. Zum Beispiel Antidepressiva, sie lindern die Symptome, sind aber kein aktives Mittel gegen Depressionen. Vielleicht sind bei Ihnen aber auch keine Medikamente nötig, sondern nur ein wenig Hilfestellungen in Ihrem Alltag von Freunden und/oder Familienmitgliedern, damit es Ihnen leichter fällt, mit Ihrer Krankheit zu leben.

Eine andere häufige mentale Krankheit ist die Angststörung. Faktisch sind mehr Menschen mit Angststörungen diagnostiziert als mit Depressionen. Allerdings kommt eine Krankheit oft nicht allein. Viele Menschen leiden an Depressionen in Kombination mit einer oder mehreren anderen Krankheiten. Das heißt aber nicht, dass eine Person mit mehr Krankheiten es deutlich schwerer hat als eine andere. Das soll heißen, dass Ihre Probleme genauso valide sind wie die bei jemandem, der mehr oder weniger Probleme hat.

Kommen wir aber zurück zur Angststörung. Eine Angststörung kann sich darin äußern, dass fremde Situationen oder fremde Menschen in einem neuen Umfeld die betroffene Person verängstigen oder in einen Panikmodus verfallen lassen. Schon sehr leichte Änderungen im alltäglichen Leben können ein sogenannter „Trigger" sein, dass sich ein Mensch mit Angststörung nicht mehr wohlfühlt. Menschen, die unter Angststörungen leiden, wollen den Mitmenschen oft keine Last sein, neigen dazu, sich für alles zu entschuldigen, und versuchen, fast unsichtbar zu sein. Sie sind oft ängstlich und haben zum Beispiel Angst, in einem Restaurant nach Ketchup zu fragen, oder bekommen das falsche Essen, wollen der Bedienung aber keinen unnötigen Aufwand machen und nehmen es einfach hin.

Während also die Angst an sich eine natürliche Reaktion des Menschen ist, also sowohl von Ihnen als auch von mir, gibt es Menschen, die dazu neigen, unbegründet Angst zu empfinden. Woher kommen aber diese Ängste? Entnommen aus mehreren Fachliteraturen heißt es „Nach verhaltenstherapeutischen Theorien haben viele erkrankte Personen beim Aufwachsen die

Erfahrung gemacht, schwierige Situationen nicht allein meistern zu können, beispielsweise durch einen überbehütenden Erziehungsstil der Eltern. Auch das Beobachten ängstlicher Eltern oder auch das intensive Erleben einer besonders angstauslösenden Situation können prägende Erfahrungen sein."[1]

Das bedeutet also, dass die kognitive Entwicklung von Kindern und Jugendlichen stark durch das Umfeld geprägt wird und vor allem im Kindesalter viel Support von der Familie gebraucht wird, damit die Kinder lernen können und an schwierige Themen herangeführt werden. Kein Elternteil wird vermeiden können, dass ein Kind komplett „normal" aufwächst, oder eine absolute Garantie haben, dass das Kind keinerlei mentale Probleme haben wird im Erwachsenenalter. Risiken gibt es bei jedem Menschen und das ist auch in Ordnung. Wichtig ist der richtige Umgang mit Menschen, die es ein bisschen schwerer haben. Also scheuen Sie sich nicht vor dem Thema und reden Sie ruhig mit Freunden darüber. Gute und offene

---

[1] https://www.researchgate.net/publication/305479086_S3-Leitlinie_Angststorungen

Kommunikation ist wichtig für ein gesundes Miteinander, ganz egal, ob nun mental krank oder gesund. Jeder Mensch hat Gefühle und die sollten respektiert und geschätzt werden.

Die meisten mentalen Erkrankungen können genetisch veranlagt sein. Wenn Erkrankungen im mentalen Bereich nicht genetisch veranlagt sind, können Auslöser in der Kindheit, aber auch in jedem Abschnitt des Lebens erfolgen. Während einige Auslöser traumatische Erlebnisse sein können, können eine oder mehrere psychische und/oder soziale Belastungen zur Entwicklung einer mentalen Krankheit beigetragen haben. Wichtig ist, dass Sie nicht die betroffene Person schuldig sprechen, dass es Ihnen nicht gut geht. Es ist eigentlich nie die Schuld der Betroffenen. Es wird nur oft auf ebenjene projiziert, weil die Gesellschaft dazu neigt, mit dem Finger auf einen Schuldigen zeigen zu müssen. Das ist nicht richtig. Mehrere Faktoren spielen eine Rolle und bei der Diagnose von mentalen Krankheiten sollten Sie sich davon lösen, dass es eine „schuldige" Person gibt.

Doch was haben mentale Krankheiten mit dem mentalen Wohlbefinden zu tun? Leider so ziemlich alles, denn während ich Sie über die Symptome und das Verhalten von mental kranken Menschen aufgeklärt habe, ist Ihnen möglicherweise aufgefallen, dass es den Menschen schwerfallen kann, glücklich zu sein. Wenn man sich das Ganze ein bisschen genauer mit einem Fallbeispiel anguckt, wird das noch etwas klarer.

Für dieses Fallbeispiel nehmen wir ein Bilderbuchfall von Depressionen: Sie haben starke Depressionen und einen sehr anstrengenden Bürojob von morgens um 8 Uhr bis 16/17 Uhr. Das Problem ist aber, dass Sie nicht nur tagtäglich mit Ihren Suizidgedanken zu kämpfen haben, sondern diese Sie auch nachts plagen. Also schlafen Sie nicht wirklich viel, sind morgens unausgeruht,

Sie hatten keinen angenehmen Schlaf und auch nur eine Handvoll Stunden Unruhe. Natürlich würden Sie lieber weiterschlafen, können Sie aber nicht. Also rollen Sie sich motivationslos aus dem Bett, essen eine Kleinigkeit, obwohl Sie kaum Hunger haben, und machen sich gar nicht groß die Mühe, sich fertig zu machen. Eine Jeans, irgendein T-Shirt aus dem Schrank und Ihre Lieblingsjacke werden schon genügen. Ihre Arbeitsstelle ist kein Ort, an dem Sie Ihre Gefühle zeigen, also stellen

Sie sich vor Ihren Spiegel und setzen Ihr schönstes Lächeln auf. Fröhlich, wie jeden Tag seit drei Jahren machen Sie sich auf den Weg zur Arbeit und behalten die Maske eines fröhlichen Arbeitnehmers ohne Pause auf.

Wenn Sie also nach Hause kommen, sind Sie abends vollkommen ausgelaugt. Sie wollen am liebsten schlafen, kommen aber nicht zur Ruhe. Es ist noch zu früh, Sie sind nicht müde genug. Also verbringen Sie Ihre Zeit mit irgendeinem Film, der gerade im Free-TV läuft. Nachdem der Film zu Ende ist, machen Sie sich bettfertig. Im Bett fällt Ihnen auf, dass Sie noch nichts gegessen haben, egal, dafür haben Sie keine Energie mehr, dann wird wohl morgen früh erst gegessen. Während Sie aber darüber nachdenken, fangen Sie an, sich schlecht zu fühlen, weil Sie Ihren Körper vernachlässigen. Oder verdienen Sie es sich, das Essen zu verweigern? Sie stellen sich alle möglichen Fragen, denken an den vergangenen Arbeitstag und was Sie falsch gemacht haben. Vielleicht sind Sie in jemanden hineingelaufen und haben Kaffee verschüttet? Wie können Sie nur? Oder die ArbeitgeberInnen waren nicht 100 % zufrieden mit Ihrer Arbeit. Was fällt Ihnen bloß ein? Wieso schaffen Sie es nicht, einfache Aufgaben zu bewältigen? Aus einer Frage werden fünf oder zehn. Alle möglichen Fragezeichen und Vorwürfe schwirren nun in Ihrem Kopf herum.

Sie fühlen sich schlecht, haben Hunger, aber keinen Appetit, Sie wollen schlafen, aber bekommen die Fragen nicht aus dem Kopf. Sind Sie wirklich so eine Enttäuschung? Spielen Sie sich nur so auf? Suchen Sie Aufmerksamkeit? Aber Sie zeigen das doch niemandem ... keiner weiß, wie es Ihnen wirklich geht. Und so verbringen Sie eine Stunde, zwei, drei und plötzlich ist es drei Uhr morgens, Ihr Wecker klingelt um sechs. Sie schlafen ein. Und alles beginnt von vorn.

Könnten Sie sich vorstellen, mit solchen Zuständen ein gesundes mentales Wohlbefinden zu haben? Der Begriff mentale Krankheit nimmt das vorweg. Mental kranken Menschen geht es nicht sonderlich gut und ihr Leben ist oft schwer. Nach solchen Tagen noch Motivation zu finden, um kurz rauszugehen oder Einkäufe zu erledigen, erscheinen als unmögliche Aufgaben. Und trotzdem schaffen sie es oft, denn auch, wenn die Gesellschaft mental kranke Menschen als schwach darstellt, sind sie es nicht. Trotz allem, was tagein, tagaus in ihren Köpfen vorgeht, stehen sie auf und durchleben den gleichen Tag noch mal, jeden Tag dieselben Abläufe, dieselben Gedanken, mal lauter, mal leiser, aber sie lassen sich nicht unterkriegen und versuchen ihr Bestes. Und das ist eine unglaubliche mentale Stärke, die jeder beziehungsweise jede von ihnen an den Tag legt.

Was können Sie tun, damit Sie Ihr mentales Wohlbefinden fördern, trotz mentaler Krankheiten. Wie bei jedem der genannten Punkte gibt es auch hier kein „One Size fits all"-Lösungsweg oder eine einfache Erläuterung ... helfen können ganz kleine Schritte. Wichtig ist, sich selbst auf die eigenen Bedürfnisse einzustellen. Zu wissen, was ist realistisch für mich zu erreichen und woran muss ich dringend arbeiten. In Phasen, in denen es mental sehr schwierig ist und in denen Sie es nicht schaffen, außerhalb der Arbeit in irgendeiner Weise produktiv zu sein, ist das vollkommen in Ordnung und Sie sollten sich dafür Anerkennung geben. Es ist okay, mal nichts zu tun. Und wenn es mental mal etwas Berg auf geht und Sie nach der Arbeit noch etwas Energie übrig haben, dann gehen Sie mal eine kleine oder große Runde spazieren. Auch wenn Sie es wahrscheinlich absolut nicht hören wollen, diese kleinen Tipps von TherapeutenInnen helfen wirklich.

Welche das sind? Zum Beispiel jeden Tag einen Fünf-Minuten-Spaziergang. Egal, wie warm oder kalt, nass oder trocken die Luft ist, einfach mal ganz kurz der Welt zu zeigen „Hallo, ich bin noch hier" hilft. Und wenn die Motivation einen Strich durch den Fünf-Minuten-Gang macht, dann tut es auch etwas frische Luft am Fenster. Ein anderer Tipp ist der Zwang zu Interaktion. Manchmal möchten Sie vielleicht gerade keine Menschen sehen und haben keine Lust, soziale Kontakte zu pflegen, leider sind Sie und ich Menschen. Menschen brauchen sozialen Kontakt. Sei es nur ein kurzes Telefonat oder doch ein Treffen im Lieblingscafé, zu reden hilft.

Und vor allem tut es besonders gut, die engsten Freunde nach einiger Zeit mal wieder zu sehen und ihnen zu erzählen, was alles passiert ist, egal, ob Gutes oder Schlechtes. Enge Freunde hören im Regelfall gern zu. Für den Fall, dass Sie gern kochen oder backen, haben Sie mit Sicherheit ein Lieblingsrezept. Wann haben Sie das zuletzt gegessen, geschweige denn, selbst zubereitet?

Das dachte ich mir. Worauf warten Sie dann noch? Legen Sie eine kleine Lesepause ein und tun Sie etwas Gutes für die Seele. Kochen und/oder Backen hilft, die nötigen Botenstoffe auszuschütten, damit es Ihnen ein kleines bisschen besser geht. Denken Sie daran, jeder noch so kleine Schritt ist eine wunderbare Errungenschaft und Sie können gern etwas öfter stolz auf sich sein. Sie verdienen es.

Und wenn Kochen oder Backen so gar nichts für Sie ist, dann genießen Sie vielleicht einfach heute mal bestelltes Essen, man gönnt sich ja mittlerweile selten was Gutes. Sind Sie mehr so der Typ Mensch, der lieber rausgeht und Sport treibt, wenn Ihre Motivation es zulässt? Wann waren Sie das letzte Mal beim Training? Vermissen Sie es? Vielleicht finden Sie ja in den nächsten paar Tagen wieder etwas Motivation und können Ihre alte Flamme wieder entfachen und das Hobby erneut aufnehmen. Jeder Mensch hat andere Hobbys, so sind wir Menschen, einzigartig und individuell. Schämen Sie sich nicht, anders zu sein, denn genau das schätzen die jüngeren Generationen. Anders sein, nicht der Norm entsprechen und offen und ehrlich mit mentaler Gesundheit und

Krankheit umgehen zu können. Es ist nichts Schlimmes, mal eine schwere Zeit zu haben. Wichtig ist, immer im Hinterkopf zu behalten, dass Ihre Freunde und Familie für Sie da sind und sich um Sie sorgen. Kommunizieren Sie Ihre Bedürfnisse mit den Menschen, die Ihnen nah sind, denn diese Menschen können Ihnen helfen, Ihr mentales Wohlbefinden zu fördern, sei es nur für einen Tag. Ich bin mir sicher, dass Sie das schaffen werden.

## PSYCHOLOGEN ÜBER MENTALE STÄRKE BEI SPORTLERINNEN

Der Psychologe Anton Samsonov veröffentlichte 2019 einen Artikel über mentale Stärke bei SportlerInnen und befasste sich unter anderem mit der Fragestellung, ob man mentale Stärke trainieren kann.[2] In seinem Artikel kommt Herr Samsonov zu dem Entschluss, dass mentale Stärke eine zu erlernende Fähigkeit ist, die nicht nur durch einen selbst trainiert wird, sondern auch durch das Umfeld. Da sich der Artikel mit SportlerInnen befasst,

---

[2] https://thepsychologist.de/mentalestaerke

sind die Beispiele themenrelevant gewählt. Durch Herausforderungen im Sport werden SportlerInnen gefordert, stoßen an ihre Grenzen und entwickeln sich so weiter, so Samsonov. Ein positives Umfeld spielt dabei natürlich auch eine wichtige Rolle, denn durch Motivation des Teams in einem angenehmen Klima macht der Sport nicht nur mehr Spaß, sondern das Gehirn schüttet auch Glückshormone aus, welche Treibstoff für den Menschen und das mentale Wohlbefinden sind.

Bei einer Befragung von SportlerInnen, die Samsonov erläutert hat, war das Ergebnis wie folgt: Die SportlerInnen wurden gefragt, wie sie es schaffen, mental stark zu sein. Die Antwort gibt ein einleuchtendes Bild: mit dem Glauben an sich selbst. Das eigene Selbstvertrauen ist wichtig, um die vorgenommenen Ziele zu erreichen. Wenn man nicht selbst vertraut und von Anfang an mit dem Gedankengang „das schaffe ich doch eh nicht." oder „das wird nichts bringen" an eine neue Herausforderung oder Aufgabe geht, dann ist das Erfolgserlebnis eher bei 0 als bei 100. Natürlich kann man sich selbst übertreffen und sich selbst erstaunen, wenn man es dann doch schafft, aber eine gesunde Einstellung ist dieser ganze Selbstzweifel eher nicht.

Also ist für eine mental starke Person das Selbstvertrauen der wichtigste Punkt, aber bei Weitem nicht der Einzige. Wichtig ist neben genügend Selbstvertrauen auch der Wille. Der Wille, das Ziel zu erreichen, also genug Selbstdisziplin, um am Ball zu bleiben, das Ziel nicht aus den Augen zu verlieren. Das heißt jetzt nicht, dass Sie überheblich werden und alles auf einmal tun oder mit Selbstvertrauen planlos an eine große Aufgabe gehen sollen. Wägen Sie erst mal ab. Halten Sie sich Ihr Ziel vor Augen und bilden Sie einen Weg dorthin. Eine Route, bestehend aus ganz vielen kleinen Einzelschritten, die Sie am Ende in Ihr Ziel führen werden. Das kann einige Tage, Wochen oder Monate, wenn nicht sogar Jahre dauern, Ihr Ziel zu erreichen, und das ist auch vollkommen in Ordnung. Was hier dann wieder mit reinspielt, ist die Disziplin.

Ohne ein wenig Disziplin werden Sie vermutlich schnell von Lustlosigkeit und Zweifel geplagt und geben schneller auf. Sagen Sie es sich selbst: Aufzugeben ist keine Lösung. Das Ziel ist es, Ihre

Ziele zu erreichen. Und das werden Sie auch, da bin ich mir sicher.

Ein weiterer Punkt, den SportlerInnen als ein wichtiges Hilfsmittel zum Ziel genannt haben, war Optimismus. Sie haben natürlich nicht gesagt „bleiben Sie Optimist", sondern daran erinnert, dass jeder Mensch Fehler macht. So sind wir. Und das ist nicht nur vollkommen in Ordnung, sondern schlichtweg einfach menschlich. Wenn Sie Fehler machen, und das werden Sie vermutlich auch noch einige Male in Ihrem Leben tun, dann denken Sie immer daran, dass das jedem einzelnen von uns passiert.

Lernen Sie aus Ihren Fehlern. Jede Situation in Ihrem Leben kann Ihnen als eine kleine oder eher große Lektion dienen. Verschließen Sie davor nicht die Augen, machen Sie Fehler, lernen Sie aus ihnen und verbessern Sie sich, wo Sie nur können. Und wenn Sie Ihr Ziel beim ersten Mal nicht erreichen, dann lehnen Sie sich kurz zurück, tanken Kraft und analysieren Sie Ihre Fehler. Was haben Sie falsch gemacht oder nicht richtig ausgeführt, weswegen Sie zu diesem Ergebnis gekommen sind? Nähern Sie sich den Problemen, versuchen Sie weiter, Ihr Ziel zu erreichen, und stellen Sie neue Pläne auf. Und irgendwann, wer weiß, vielleicht schießen Sie ja über Ihr Ziel hinaus und können noch stolzer auf sich selbst sein, als Sie es ohnehin schon sind.

Das Leben steckt voller Überraschungen, Hinterhalten und unerwarteten Situationen, mit denen wir uns jeden Tag aufs Neue befassen müssen. Und es wird vielleicht nicht einfach, aber versuchen können Sie es trotzdem. Es kann auch passieren, dass Sie merken, Ihr altes Ziel ist vielleicht doch nicht mehr das, wonach Sie streben, oder es ist doch nicht so schön und erstrebenswert, wie Sie es sich ausgemalt haben. Verlieren Sie dabei aber nicht die Hoffnung. Sehen Sie es als Lektion. Sie haben etwas Neues dazu gelernt, gemerkt, dass Sie doch nicht dorthin wollen, wo Sie gerade drauf zu streben. Das Leben, Ihre Ziele und der Weg zu Ihren Zielen sind genauso wenig eine Gerade wie Ihr mentales Wohlbefinden. Es gibt immer Höhen und Tiefen, positive und negative Aspekte am Leben, an Ihrem Umfeld und an Ihnen selbst. Wichtig ist, dass Sie sich weiterentwickeln. Hören Sie nie auf zu lernen und streben Sie stets eine bessere Version von sich selbst an.

Mentale Stärke ist nicht nur auf den bewussten Zustand beschränkt, sondern reicht deutlich in den unbewussten Zustand der Menschen hinein. Trotzdem sind Sie in der Lage, mentale Stärke genau wie alle Skills zu trainieren. Dafür gibt es zum einen Mentaltraining-Programme mit einem Coach oder Onlineseminare. Natürlich sind Sie nicht zwangsläufig gezwungen, sich einen Mentaltraining-Coach zu holen, aber falls Sie das in Erwägung ziehen möchten, wissen Sie jetzt, dass diese existieren.

Der Mentalcoach Ulrich Oldehaver erläutert auf der MindVisory-Internetseite alles um das Thema Mentaltraining und -coaching, die Ziele von mentaler Stärke und warum es so wichtig ist, sich selbst mental zu stärken.[3]

Doch was kann Mentaltraining Ihnen bringen? Wieso brauchen Sie es? Brauchen ist relativ, aber wenigstens einmal in Mentaltraining reinzuschauen, schadet niemandem, vor allem nicht auf dem Weg zum mentalen Wohlbefinden. Es kann

---

[3] https://www.mindvisory.com/mentaltraining.html?gclid=CjwKCAjw9LSSBhBsEiwAKtf0n0UuwaO-dAJFny1PiOPLdelYXEG1hsAqJJku6NMhDhbHuMmqfeON7-hoCqVgQAvD_BwE

helfen, schneller eine Balance zu finden oder, um es ein bisschen besser auszudrücken, es ist ein gutes Hilfsmittel, seine Schwächen und Stärken zu analysieren und Skills zu erlernen, mit denen Sie ganz einfach etwas Gutes für Ihre Seele tun können. Wenn Sie einmal einen schlechten Tag haben, aber wissen, was Ihnen gute Laune bereiten wird, dann ist es einfach, sich mental und körperlich öfter wohlzufühlen.

Es ist also ein sehr nützliches Hilfsmittel, um das mentale Wohlbefinden auf Dauer beziehungsweise für längere Zeit aufrechtzuerhalten. Jeder Mensch hat Schwächen und Stärken, das wissen Sie bereits, aber nur eine mental starke Person kann offen und ehrlich damit umgehen und ihre Fehler akzeptieren. Sie sollten sich eingestehen, dass Sie nicht perfekt sind, kein Mensch ist perfekt, egal, wie sehr Sie das denken. Wir haben alle unsere Ecken und Kanten, unsere eigenen Sorgen und Probleme. An ihnen zu arbeiten und sie zu verbessern, an Fehlern zu wachsen und zu lernen, dabei hilft Mentaltraining.

Sie lernen, sich langfristiger und besser konzentrieren zu können, was es bedeutet, sich selbst zu motivieren, und wie Sie Ihre Motivation steigern können. Dazu hilft Mentaltraining bei Stressreduktion. Wie genau das funktioniert? Wenn Sie gestresst sind und sich deswegen Blockaden in Ihrem Kopf bilden, verstauen Sie den ganzen Frust entweder unterbewusst oder in Ihrem Körper. Sie können sich nicht mehr aufraffen, alle Dinge zu erledigen, die Menge an Aufgaben wird größer, die Deadlines rücken näher und trotzdem finden Sie einfach keine Motivation, um anzufangen. Mithilfe verschiedener Strategien, die Ihnen Ihr Mentalcoach beibringen wird, lernen Sie, stressfrei an Dinge heranzugehen, große Aufgaben in kleinen Schritten zu meistern und Ihre Leistung zu steigern.

Dabei helfen Ihnen Erfolgsstrategien. Während Erfolg eine Frage von Motivation, Motiven und Leistung ist, brauchen Sie Disziplin und Durchhaltevermögen, um Erfolg im Leben zu haben und Ihre Ziele zu erreichen. Vergessen Sie Ihre negativen Angewohnheiten, stärken Sie Ihren mentalen Geist, Ihre Mentalität und glauben Sie daran, dass Sie es schaffen können, jedes dieser oben genannten Ziele zu erreichen. Als kleine Erinnerung noch mal: Das wird nicht von heute auf morgen passieren und auch nicht nach einer oder zwei Sitzungen mit einem Coach schon vom Tisch sein. Das Arbeiten mit einem Mentaltrainer dauert. Bei manchen Menschen geht das schneller als bei anderen und vielleicht haben Sie schon einiges an Wissen gesammelt, was sich positiv auf Ihrem Weg zur mentalen Stärke äußern wird. Wer weiß das schon?

Wichtig ist eine gesunde Portion Selbstvertrauen, denn in den meisten Abschnitten des Lebens, in Berufen, im Sport und im Privatleben ist es wichtig, seine Ruhe zu bewahren. Wenn die Nerven einmal blank sind und die Konzentration sich verabschiedet hat, dann ist es meistens schwer, wieder ruhig zu werden und den produktiven Modus erneut zu erreichen. Sobald das Gehirn einmal abschaltet und denkt, dass es genug Arbeit geleistet hat oder sogar einfach nur durch eine Ablenkung im Umfeld für einige Minuten abschweift, kann es sehr, sehr schwierig sein, produktiv weiterzuarbeiten. Dagegen gibt es zwar im Gehirn keinen Kippschalter, den Sie einfach schnell umschalten, um Ihre Produktivität wiederzuerlangen, aber mithilfe einiger Mentaltraining-Strategien und -Methoden können Sie Tipps und

Tricks erlernen, um Ihre Konzentrationsfähigkeit zu steigern.

Versuchen Sie es zunächst einmal mit etwas Selbstmotivation: Was treibt Sie an? Würden Sie gern heute etwas Bestimmtes unternehmen oder sich als Belohnung holen? Setzen Sie sich ein Ziel. Was müssen Sie vorher erledigen, um diese Belohnung zu bekommen? Skills der Selbstkontrolle sind vermutlich die schwersten zu erlernen, denn würden Sie gern sehr streng zu sich sein, nur, weil Sie mal zwanzig Minuten nur am Handy waren und Ihre Aufgabe nicht mit höchster Konzentration angefangen haben? Vermutlich nicht. Und wenn es um die eigene Disziplin und Kontrolle geht, neigen Sie auch gelegentlich dazu, die Regeln für ein bisschen Spaß oder angenehmere Aufgaben zu biegen und brechen? Falls Sie eine oder mehrere dieser Fragen mit „Ja" beantwortet haben, lesen Sie doch vielleicht einmal einen Ratgeber über Selbstdisziplin.

Finden Sie einen Weg, eine Technik oder Methode, die Ihnen dabei hilft, die volle Konzentration zu erlangen. Da Sie sich selbst am besten kennen sollten, werden Sie auch am ehesten herausfinden, was Sie tun können, um Ihre Produktivität und Arbeitsmoral zu steigern. Fangen Sie an mit Fragen wie „Was ist mein ideales Arbeitsumfeld?" und „Wie stelle ich mir den perfekten Arbeitstag vor?". Bleiben Sie natürlich realistisch, aber machen Sie sich ausgiebig und lange Gedanken darüber, was Sie tun können, um Ihr Arbeitsumfeld optimal an Ihre Bedürfnisse anzupassen. Gibt es bestimmte Faktoren, die Sie daran hindern, effizient zu arbeiten? Können Sie diese aus dem Weg schaffen? Ist es Ihr Beruf an sich, der Sie jeden Tag nur stresst und keinen Spaß mehr macht? Vielleicht ist es für Sie an der Zeit, etwas Neues auszuprobieren.

Manche Menschen brauchen einfach mehr Abwechslung im Beruf, jeden Tag nur vor dem Computer zu sitzen und acht Stunden zu arbeiten, ist nicht für jeden etwas. Denken Sie immer daran, dass jeder Mensch individuell ist und individuelle Bedürfnisse hat, die berücksichtigt werden sollten. Sollten Sie sich entscheiden, Ratschläge bei einem Mentalcoach zu suchen, vergessen Sie nicht, dass die Anfangsphase eine Kennlernphase ist. Kein Coach wird Ihnen direkt in der ersten gemeinsamen Stunde die perfekten Tipps und Tricks für Ihre Bedürfnisse geben können, mit denen Sie aktiv an Ihrer mentalen Stärke und Gesundheit arbeiten können. Der Weg zu den für Sie funktionierenden Methoden dauert etwas. Lassen Sie sich Zeit und setzen Sie sich nicht selbst unter Druck, dass Sie von jetzt auf gleich etwas Richtiges finden müssen. Meistens bringt Sie das von Ihrem Ziel weiter weg, als mit etwas Ruhe und Gelassenheit das neue Ziel vor Augen zu haben und in kleinen Schritten daran zu arbeiten.

Ihre Gefühle und Emotionen befinden sich in der mentalen Ebene. Darum wird sich Ihr Mentaltraining nicht nur ganz kurz mit Ihren inneren Emotionen und Gefühlen auseinandersetzen. Wenn Sie Ihre innere Ruhe sowie Stärke anstreben, müssen Sie sich im Klaren sein, dass Sie sich diesen stellen müssen. Hören Sie darauf, wie es Ihnen wirklich geht, Ihr mentales Wohlbefinden beeinflusst Ihre innere Ruhe und Gelassenheit und nur, wenn Sie versuchen, so viele Stressfaktoren wie möglich zu lösen, dann können Sie daran arbeiten. Versuchen Sie nicht, Ihre Emotionen zu verurteilen, seien Sie sich aber bewusst, dass Sie existieren und ernst zu nehmen sind. Wenn Sie sich mit Ihren Gefühlen und Problemen nicht selbst ernst nehmen, wie kann das ein anderer?

Ihr Mentalcoach und Sie arbeiten gemeinsam miteinander. Es sollte kein Gegeneinander entstehen. Versuchen Sie, sich darauf einzulassen, egal, wie absurd es für Sie klingen mag. Sie müssen die Hilfe wollen und akzeptieren. Und vielleicht denken Sie zu Anfang, dass es total viel und total schnell hilft, und Sie sind mit Ihrem Coaching sehr zufrieden, aber mit der Zeit merken Sie, dass sich nichts mehr verändert. Sie nehmen die kleinen Fortschritte nicht mehr wahr. Verlagern Sie den Fokus ein wenig. Nehmen Sie eine Auszeit. Sie können sich nicht mental stärken, ohne auch mal Rückschläge oder Sackgassen zu erfahren. Der Weg ist ein Auf und Ab von erreichten Zielen und fehlgeschlagene Lektionen. Entwickeln Sie sich weiter, lernen Sie und finden Sie den geeigneten Coach für sich.

Die innere Stärke kann man ganz einfach mit ein bisschen positiver Energie vorantreiben. Während Sie beispielsweise Ihre Zeit damit verschwenden, sich in Ihren traurigen Gedanken zu verstecken und nicht voranzukommen, können Sie auch einfach mal sagen „Es reicht. Ich fange jetzt damit an!" und starten eine Aufgabe, die Sie schon sehr lange vor sich herschieben.

Nehmen wir mal ein sehr vereinfachtes Fallbeispiel. Sie sitzen vor Ihrem Computer und müssen eine wichtige 30-Minuten-Präsentation fertigstellen, finden aber keine Motivation, weil Sie keine Lust haben und Ihre Gedanken sich um die Trennung von Ihrem Partner drehen. Wie schnell werden Sie diese Präsentation beenden? Vermutlich dümpeln Sie ein wenig hin und her, machen eine Folie fertig und verlieren jegliche Konzentration und Motivation.

Und was ist, wenn Sie wissen, dass, sobald Sie fertig sind, Sie ein neues Date haben oder im Kino einen aufregenden Blockbuster schauen werden? Vielleicht wartet auch einfach ein sehr spannendes Buch auf Sie? Mit diesem Prinzip treiben Sie sich an, Sie haben mehr Motivation, um etwas fertigzustellen, und Ihre fertige Präsentation wird das widerspiegeln. Darum geht es im Mentaltraining: Wege zu finden, sich selbst zu motivieren und produktiv zu arbeiten. Diese Skills zu lernen und die richtigen zu finden, dauert, aber ich bin mir sicher, dass Sie das locker schaffen werden.

# Warum ist mentale Stärke wichtig?

## TIPPS FÜR MENTALES WOHLBEFINDEN

In diesem Buch sind schon sehr viele verschiedene Tipps und Tricks erwähnt worden, die Ihnen zum mentalen Wohlbefinden verhelfen können. In diesem Abschnitt werden Sie noch ein paar mehr Tipps kennenlernen, aber auch noch einmal rückblickend alle genannten Tipps hier finden.

Denn auch, wenn Sie es vielleicht nicht wahrhaben wollen und denken „so einfach kann es doch nicht sein" oder „das kann nicht funktionieren", probieren Sie es doch einfach einmal aus.

Das nächste Mal, wenn Sie den ganzen Tag auf der Couch verbracht haben, weil Sie zu nichts Lust hatten, stehen Sie auf und machen Sie einen kleinen Spaziergang. Mit oder ohne Kopfhörer, das ist Ihnen überlassen. Und wenn es draußen stürmt und Sie kein Interesse daran haben, in einem Sturm von den Füßen gefegt zu werden, öffnen Sie das Fenster in einer ruhigen Minute und beobachten Sie die Welt um sich herum. Auch, wenn alles grau und langweilig erscheinen mag, findet man doch ein oder zwei Dinge, die einem ein kleines Lächeln übers Gesicht huschen lassen.

Vielleicht sehen Sie ja einen süßen Hund oder ein Pärchen, jemand, der tollpatschig über die eigenen Füße stolpert, die Möglichkeiten sind endlos. Versuchen Sie, Ihren Gedanken freien Lauf zu lassen, verfolgen Sie keine Gedanken, egal, wie schön sie doch sind. Und vielleicht sitzen Sie auch an Ihrem Fenster und schweifen doch ab in Ihren Gedanken und verlieren sich dort für eine Weile, das ist vollkommen in Ordnung, denn auch, wenn sehr viel in Ihrem Kopf vorgehen mag, finden sich Ecken und Orte, an denen Sie bestimmt Stunden Ihres Tages verbringen könnten.

Nehmen Sie sich an einem schönen, sonnigen Tag vielleicht auch mal ein Buch zur Hand. Eine schöne Tasse Tee oder Kaffee und ein Buch auf dem Balkon. Wenn es früh morgens ist, könnten Sie auch draußen frühstücken, sich von den Bienen ein wenig nerven lassen und den Vögeln beim Zwitschern zuhören. Die Natur ist ein unglaublich schöner Ort, ein Phänomen für sich und hat eine sehr beruhigende Wirkung.

Frische Luft und das erregte Leben von Tieren bieten mehr Beobachtungsmöglichkeiten als Ihr Fernseher und auch, wenn es nur einheimische Vogelarten sind, so ist die Vielfalt in Ihrem Garten doch sehr interessant und aufregend. Versuchen Sie es einfach mal. Wenn Sie gern Bücher lesen, aber im Hintergrund der Fernseher läuft oder Musik, können Sie sich wirklich auf die geschriebenen Worte konzentrieren? Mit mehreren Hintergrundgeräuschen könnten Sie sich selbst daran hindern, in die Magie der Bücher einzutauchen, sich auf das Buch und den Autoren einzulassen und zu schauen, in was für eine fabelhafte Welt Sie heute geführt werden.

Vielleicht lesen Sie ja ein Buch, in dem ein Charakter backt oder kocht? Mit etwas Glück finden Sie online das Lieblingsrezept Ihres Lieblingscharakters und können mit etwa Zeit und Geduld das Rezept ausprobieren. Man muss kein Sternekoch sein oder sich gut mit der Küche auskennen, um Spaß am Kochen und Rumprobieren zu haben. Wichtig ist, dass Sie Ihre Küche heile lassen, aber das kriegen Sie mit Sicherheit hin. Und wenn es Ihnen gut gelungen ist, teilen Sie Ihre Werke in den sozialen Medien, ein bisschen Positivität schadet ja nicht. Wer weiß, vielleicht motivieren oder inspirieren Sie die eine oder andere Person, endlich wieder zu kochen. Die Welt ist voller leckerer Rezepte zum Kochen und Backen und man ist nie zu alt, sich mit etwas Neuem auszuprobieren, wie heißt es so schön? Probieren geht über Studieren ... oder so. Auf jeden Fall kann es nicht schaden, sich kreativ auszuleben.

Und wenn Sie wissen, dass Ihr Partner zum Beispiel eine sehr kreative Person ist und liebend gern zeichnet, malt, sich mit Kunst ausdrückt, dies aber schon lange nicht mehr gemacht hat, vielleicht greifen Sie der Person mal liebevoll unter die Arme und setzen sich gemeinsam an das kreative Ausleben mit Farbe auf Leinwänden oder Papier. Spaß ist dabei garantiert, vor allem, wenn man kleine Challenges daraus macht oder sich gegenseitig Aufgaben gibt. Kunst ist nicht definierbar und sollte es auch nicht sein. Bringen Sie Ihre Gefühle in einem eigenen Kunstwerk zum Leben.

Falls das gar nicht Ihr Genre sein sollte, eine weitere Form von Kunst ist Make-up. Mit Make-up kann man sich hervorragend künstlerisch ausleben, sehr viel Spaß daran entwickeln und einfach mal ein paar Pinsel und Produkte in die Hand nehmen und mit YouTube-Tutorials die Welt des Make-ups erforschen. Auch gilt Regel Numero uno: Man ist nie zu alt, um etwas Neues auszuprobieren. Vertrauen Sie sich selbst ein wenig. Natürlich braucht es Zeit, Geduld und etwas Nervennahrung, aber Sie werden schon das Richtige für sich finden.

Falls dann doch mal alle Stränge reißen und es einfach zu viel wird, springen Sie an einem freien Wochenende in den Pool oder ins Auto und fahren Sie einmal weg. Ein Wochenende abseits von Ihrem ganzen Stress kann sehr therapeutisch wirken. Deutschland hat wirklich sehr schöne Ecken und ruhige Städte, wo es einige Dinge zu entdecken gibt. Kiel zum Beispiel. Es fühlt sich an wie Urlaub, wenn ich dort bin. Eine ruhige Stadt mit kleinen Teichen, direkt an der Küste. Ich verliebe mich jedes Mal aufs Neue, wenn ich dort bin. Also wenn Sie das nächste Mal nicht wissen, wohin, steigen Sie ins Auto und fahren Sie in eine andere Stadt. Vielleicht besuchen Sie Freunde, die Sie schon länger nicht gesehen haben, und sagen sich selbst ein bisschen Entspannung zu. Es gibt keinen Knopf, der auf magische Art und Weise einfach Ihre Gedanken ausschalten kann, aber möglicherweise finden Sie die wenigen Aktivitäten, bei denen Ihr Kopf sich frei anfühlt.

Aktivitäten, bei denen der Sturm in Ihrem Kopf nur ein laues Lüftchen ist, während derer Sie sich wohlfühlen, wohl mit sich selbst, Ihrem Umfeld und Ihrer momentanen Situation. Mit der Zeit können Probleme leichter werden, beseitigt sogar. Wenn Sie das Gefühl haben, Sie halten sich selbst nur zurück, können in Ihrem Umfeld nicht loslassen und sich selbst entfalten, dann ist es Zeit, mentale Stärke zu beweisen und neu anzufangen, weiterzumachen. Vielleicht wollten Sie schon lange umziehen, haben es dann aber doch gelassen oder einfach nur verdrängt. Es werden sich immer wieder überall neue, interessante Möglichkeiten auftun und Sie wären enttäuscht, würden Sie jede einzelne davon links liegen lassen.

Investieren Sie ein bisschen Zeit, Geld und Lust und probieren Sie eine neue Sportart, vielleicht reicht Ihnen auch das Fitnessstudio. Schnappen Sie sich einfach eine Person in Ihrem engen Umfeld und erfinden Sie sich zusammen neu. Eine Person an der Seite kann helfen, sich gegenseitig zu motivieren und durch schwierige Zeiten zu leiten, denn auch, wenn es manchmal schwer wird, wissen Sie, wem Sie vertrauen können, und Sie wissen auch, dass bessere Zeiten kommen werden. Mentales Wohlbefinden ist keine gerade Linie, ein exponentielles Wachstum oder dieses eine Ziel, was man irgendwann erreicht. Nein, es ist das Streben nach einer gesunden Lebenseinstellung, nach Spaß und Motivation, Optimismus und Wohlgefühl.

Es gibt kein Richtig oder Falsch, kein „One-Way-Ticket" oder die eine Lösung. Es geht bei mentalem Wohlbefinden um den Weg, die Einschläge, bei denen Ihnen die Decke auf den Kopf fällt und Sie aufgeben möchten, die Momente, die Sie Ihr ganzes Leben mit sich tragen werden. Der Schweiß, die Tränen und das Gefühlschaos beim

Aufräumen der Gedanken. Mentales Wohlbefinden ist kein Dauerzustand. Es ist die durchschnittliche Gefühlslage/-stimmung, in der Sie sich nicht jeden Tag befinden werden, es aber versuchen können. Möglicherweise sind Sie heute aufgewacht und hatten einen schlechten Tag, Morgen kann nur besser werden. Verlieren Sie die positiven Seiten des Lebens nicht aus den Augen und denken Sie daran, dass unserer Gesellschaft dazu neigt, nur die schlechten Dinge zu sehen und uns vor Augen zu führen. Die Welt ist nicht so grau, wie Sie sie malen. Achten Sie auf die kleinen Dinge, Gesten und Momente in Ihrem täglichen Leben und merken Sie sich diese.

Schreiben Sie jeden Abend in ein Journal rein. Wie war der Tag? Vielleicht bewerten Sie ihn von eins bis zehn. Was war gut und was war schlecht? Wenn bemerkenswerte Dinge, schöne Momente passiert sind, schreiben Sie diese bis ins kleinste Detail auf, und wenn Sie einen schlechten Tag haben, lesen Sie sich die Einträge von vergangenen, positiven Tagen durch. Und falls Sie einen der tollsten Freundeskreise haben, wovon ich ausgehe, kaufen Sie sich ein Buch, geben Sie es Ihren FreundenInnen und lassen Sie jede Person einen

Eintrag verfassen. Das Thema ist egal, lassen Sie sie über ihre Interessen schreiben oder wie schön sie die Freundschaft finden oder die wertvollsten Erinnerungen, die Sie zusammen haben. Der Fantasie und Kreativität sind keine Grenzen gesetzt. Aber es wird Ihnen helfen. An schlechten Tagen, wenn Sie niemanden bei sich haben möchten, haben Sie ein Buch voller Glücksmomente. Ein Geschenk, vollgestopft mit Liebe, Freundschaft und Glück. Und vielleicht schüttet Ihr Gehirn beim Lesen Glückshormone aus und Sie fühlen sich ein bisschen besser.

Und vielleicht nehmen Sie sich auch mal eine ganz extreme Auszeit, schalten Ihr Handy aus und genießen die Ruhe. In der heutigen Zeit sind Smartphones der Ersatz für alles und auch wenn, es sehr angenehm sein kann, alle Funktionen auf einem Gerät zu haben, Sie erwischen sich sicherlich auch ab und zu mal dabei, von einer Social-Media-Seite direkt zur nächsten zu springen. Oder Sie durchsuchen stundenlang die Weiten der Netzwerke, legen Ihr Handy für fünf Minuten beiseite und wissen sofort nicht mehr, was Sie tun sollen. Sie verbringen Stunden, in denen Sie einfach nur auf Ihren Bildschirm starren, ohne irgendetwas zu erreichen. Vielleicht verstummen die Gedanken in Ihrem Kopf dadurch? Aber ist eine 24-Stunden-Ablenkung das Richtige? Es löst nicht Ihre Probleme, es lenkt Sie nur davon ab. Also legen Sie mal das Handy für einen Tag oder zwei beiseite und unternehmen Sie etwas Schönes mit sich selbst.

Und wenn Sie lieber drinnen bleiben wollen, versuchen Sie es mit entspannter Musik und einer Meditation. Am Anfang werden Sie sehr unruhig sein und das Chaos im Kopf wird freien Lauf haben, aber Meditation ist eine Art von Mentaltraining. Sie stärken Ihre Mentalität, indem Sie lernen, mit dem Chaos in Ihrem Kopf umzugehen. Es wird Zeit brauchen, nichts im mentalen Bereich hat ein Erfolgserlebnis von jetzt auf gleich und nicht jede Methode oder Technik funktioniert bei jedem Menschen.

Erinnern Sie sich regelmäßig daran. Das Ziel von Meditation ist, sich das Unbewusste bewusst zu machen. Hören Sie einmal ganz tief in sich hinein. Arbeiten Sie mit Ihren Gefühlen, denen Sie so selten freien Lauf lassen. Mit Sicherheit werden Sie das eine oder andere in sich neu entdecken und das ist eins der schönsten Dinge am mentalen

Training. Der Zusammenhang zwischen dem eigenen Unterbewusstsein und wie es unser alltägliches Leben steuert, ohne dass wir es merken. Viele Verhaltensweisen, die Ihnen oder Menschen in Ihrem Umfeld auffallen, können mit tief sitzenden Gefühlen oder Blockade zusammenhängen, ohne dass Sie das wissen. Das Leben ist ein stetiger Weg der Weiterentwicklung, eine Möglichkeit, sich tagtäglich zu verbessern und die Frage immer besser beantworten zu können „wer bin ich?".

## DER ZUSAMMENHANG ZWISCHEN MENTALER STÄRKE UND GESUNDEM LEBEN

Der große Schritt zu einem gesunden Leben ist eine Ernährungsumstellung. Doch bevor Sie all Ihre alten Gewohnheiten über Bord werfen und eine neue Form der Ernährung beginnen, sollten Sie zuerst wissen, wieso Sie Ihre Ernährung überhaupt umstellen können und welche Vorteile das auf Ihr mentales Wohlbefinden hat. Und welchen Zusammenhang können Sie feststellen zwischen einer ausgewogenen Ernährung und Ihrer mentalen Stärke? Welchen Effekt haben Depression auf das Essverhalten? Das stelle ich Ihnen nun vor.

Viele mental kranke Menschen leiden an Appetitlosigkeit. Also lassen sie eine Mahlzeit hier ausfallen und dann vergessen sie das Mittagessen dort und so häuft es sich, dass sie immer und immer weniger essen. Das Hungergefühl wird über die Zeit schwächer, denn wenn der Körper merkt, dass auf das Hungersignal keine Reaktion kommt, spart er die Energie und verwertet sie, um den Körper am Leben zu erhalten. So entstehen häufige Essstörungen (hier ist nicht die Rede von Bulimie oder Magersucht). Ein gestörtes Essverhalten, sei es nun durch den Hass auf den eigenen Körper oder durch Appetitlosigkeit oder Vergesslichkeit, es fällt nicht jedem leicht daran zu denken, Gefallen am Essen zu haben oder sich gesund zu ernähren. Verglichen mit der Ernährungspyramide, welche mehrfach im Rahmen des Gymnasial-Biologieunterrichts durchgenommen wurde, ist die wirkliche Ernährung eines durchschnittlichen Menschen grauenhaft. Oder schaffen Sie es, 2- bis 3-mal die Woche Fleisch zu essen, davon einmal Fisch, und denken Sie an Ihre zwei

Portionen Gemüse am Tag und eine Portion Obst? Die Ernährungspyramide auf das Genauste zu beachten, ist vermutlich in den meisten Berufen heute nicht möglich. Und der ganze Aufwand mit der Vorbereitung der Mahlzeiten, spätestens wenn Sie eine Familie mit Kindern haben, werden Sie die Zeit vermutlich nicht finden oder einfach keine Motivation haben. Und das ist auch vollkommen in Ordnung.

Eine gesunde Ernährung ist nicht ausschließlich eine Ernährung nach der Pyramide mit ihren 6 Stufen. Wichtig ist die Menge. Versuchen Sie nicht, sich strikt an Diäten zu halten oder sich nach der Pyramide zu ernähren, achten und hören Sie auf Ihren Körper. Auch vegane oder vegetarische Ernährung kann eine ausgewogene und gesunde Ernährung bilden. Wir leben in einer Zeit, in der es dutzende von Alternativen auf Pflanzenbasis gibt. Auch sehr, sehr leckere Alternativen, falls Sie sich gerade gedacht haben „Aber das schmeckt doch bestimmt nicht." Probieren Sie es mal, Sie werden bestimmt das eine oder andere Produkt finden, welches ohne sehr gut schmecken wird.

Aber egal, welche Ernährung Sie vorziehen, ob vegan, vegetarisch oder Fleisch essend, achten Sie auf die Nährstoffe, die Ihr Körper braucht. Falls Sie gar keine Ahnung von gesunder Ernährung haben oder nicht wissen, was für Sie richtig und weniger förderlich ist, es gibt Fachärzte und Ernährungsberatungen, die einiges bringen. Aber als eine nicht professionelle Person rate ich Ihnen, hören Sie einfach mal in sich hinein. Sie wissen, wie und was Sie essen, versuchen Sie, selbst zu beurteilen, wovon Sie mehr oder weniger essen könnten.

Wichtig ist, dass es Ihnen schmeckt und Sie sich Nahrungsmittel nicht verweigern, weil es „zu viele Kalorien" hat. Sie dürfen es essen und wenn Sie sich danach schlecht fühlen, essen Sie ein bisschen Obst oder Gemüse für das gute Gewissen. Abwechslung in der Ernährung ist nicht nur wichtig, damit es nicht langweilig wird, sondern auch, weil verschiedene Nahrungsmittel verschiedene Ballaststoffe, Vitamine und Proteine beinhalten, die der Körper braucht, um zu funktionieren.

Und wie hängt das Ganze jetzt noch mal mit der mentalen Stärke zusammen? Einerseits wird das Essverhalten durch die mentale Gesundheit gesteuert. Sind Sie glücklich und haben wenig

Probleme in Ihrem Leben, viel Energie, dann wird es Ihnen leichter fallen, eine gesunde Ernährung auf die Beine zu stellen, als wenn es Ihnen momentan schlecht geht. Wie vorhin erwähnt, haben mental kranke Personen eine gestörte Beziehung zur Nahrungsaufnahme. Das kann sich also zeigen, indem die Menschen sehr wenig essen oder sehr viel und in manchen Fällen können sich zum Beispiel depressive Menschen nicht aufraffen, noch etwas zu kochen oder einkaufen zu gehen, also wird Essen bestellt oder sehr viel Fast Food konsumiert. Dieses liefert nicht alle Stoffe, die der Körper braucht. Fast-Food-Ketten können nicht herhalten, wenn es um diverse Vitamine, Proteine, Ballaststoffe und Fette geht. Darum ist die Abwechslung so wichtig. Verurteilen kann man aber keinen Menschen, wenn es gerade nicht anders geht, dann ist das so. Jedes Nahrungsmittel ist besser, als einfach gar nicht zu essen.

Und die mentale Stärke wird jedes Mal gefördert und beansprucht, wenn Sie essen, denn der gesamte Prozess, vom Kochen oder Bestellen bis zur Nahrungsaufnahme beweist, dass es trotz mentaler Schwierigkeiten nicht unmöglich ist, sich gegen die Krankheit zu stellen und dem

Körper die wichtigen Nährstoffe zu verabreichen. Mentale Stärke ist aber nicht nur zu sagen „ich esse jetzt etwas, obwohl ich keinen Hunger habe", sondern auch den Gedanken wenig Aufmerksamkeit zu schenken. Wenn Sie oft mit Gedanken kämpfen, die Ihnen sagen, es sei falsch zu essen oder Sie würden es nicht verdienen, oder vielleicht haben Sie Gedanken, die Ihnen sagen, es wären zu viele Kalorien – sich dagegen zu wehren und auch nur für einen Tag zu sagen „Ich verdiene es, zu essen, denn Nahrung ist lebensnotwendig", zeigt das extreme mentale Stärke.

Ein gesundes Essverhalten, einer Diät zu folgen oder als Neujahrsvorsatz die Ernährung umzustellen, all diese Ansätze sind Zeichen von mentaler Stärke. Ohne den Willen, die Stärke, würden Sie vieles vermutlich nicht tun. Und das ist auch vollkommen in Ordnung. Jeder Mensch braucht mal ein bisschen mehr oder weniger Motivation, um sich aus dem Bett zu bekommen und in den Tag zu starten. Die Nahrungsaufnahme kann dabei helfen, ein klein wenig motivierter aufzustehen.

Nachdem der Körper Nahrung aufgenommen hat und diese verdaut, wird der Körper erst richtig hochgefahren. Die Vitamine, Proteine und Ballaststoffe sind der Treibstoff der Zellen, sie regen die Arbeit im Körper an. Und wenn der Kreislauf in Schwung kommt, werden einige Glückshormone ausgeschüttet und es fällt einem leichter, in den Tag zu starten und etwas Motivation zu zeigen. Essen Sie also gern mal Ihr Lieblingsfrühstück in der nächsten Woche, die Vorfreude kann Sie antreiben. Und wenn die Hormone ausgeschüttet werden, fällt es Ihnen vermutlich leichter, sich zu konzentrieren, gute Arbeit zu leisten oder ein altes, angefangenes Projekt zu beenden. Denn auch, wenn die Verbindung zwischen der Nahrungsaufnahme, mentaler Stärke und mentalem Wohlbefinden vielleicht auf den ersten Blick ganz schön absurd klingt, zeigt es doch jeden Tag zumindest in kleinen Schritten ein bisschen Erfolg. Versuchen Sie es selbst, vielleicht hilft es Ihnen mehr, als Sie denken.

Herstellung und Verlag:

BoD – Books on Demand, Norderstedt

ISBN: 9783756217120

© Jonathan Hünsche 2022

1. Auflage

Kontakt: Psiana eCom UG/ Berumer Str. 44/ 26844 Jemgum

Covergestaltung: Fenna Larsson

Coverfoto: depositphotos.com